글 김정윤

영문학을 전공하고 대학에서 학생들을 가르쳤었어요.
지금은 책이 좋아 책쟁이가 되어 어린이들과 부모님들을 위한 책을 만들고 있어요.
지은 책으로는 〈메타버스 여행〉(공저), 〈왜 우는 걸까요?〉, 〈손을 왜 씻어야 돼요?〉, 〈왜 기다려야 돼요?〉가 있어요.

글 김한종

양양 바다와 자연을 좋아하여 환경에 관심을 갖게 되었어요. 특히 연어의 일생에 애착이 커요.

그림 송수정

대학에서 시각디자인을 전공하고, 대학원에서 회화를 공부한 후 어린이책 일러스트레이션과 회화 작업에 전념하고 있어요.
간간이 작품 전시를 통해 사람들과 소통하고 있어요. 그림책 〈행복〉, 〈책이랑 놀아요〉, 〈표범의 얼룩무늬는 어떻게 생겨났을까?〉, 〈도도새와 카바리아나무와 스모호 추장〉, 〈해와 달이 된 오누이〉 등에 그림을 그렸어요.
노마 콩쿠르 입상, 한국출판미술대전 동상, 서울 일러스트레이션 공모전 특선 등의 경력을 갖고 있어요.

아주 좋은 그림책 10

연어 살미의 여행

글 김정윤 · 김한종 | 그림 송수정

아주 좋은 날

꿈에 그리던 고향의 냄새!

긴 여정을 끝내고 드디어 양양 바다로 돌아온 나는 너무 기뻤어요.

아기들을 낳는 제일 큰 숙제가 아직 남아 있지만,

시월의 시원한 고향 바다로 돌아와,

비늘을 스쳐 가는 물살을 맞으니 기분이 좋아요.

3년 전, 이곳에서 갓 태어난 나는
동해를 넘어, 일본을 거쳐 쿠릴열도 베링해 알래스카로 갔다가,
1만 킬로미터 넘게 헤엄쳐서 다시 돌아왔어요.
믿기지 않는 여정을 해낸 나 자신이 너무 대견하기만 해요.
물론 옆에서 열심히 지켜 준 친구들 덕분이에요.

떠날 때는 모두가 함께였는데,

많은 친구들이 여행 중에 먼저 세상을 떠났어요.

왜 그렇게 길고 힘든 여행을 다니냐고요?

잘 모르지만 우리 할머니도, 증조할머니도 그렇게 살았다고 하네요.

왜 긴 여행을 해야만 하는지 깊게 생각해 보지 않았지만,
이상하다고 느끼지도 않았어요.
어쩌면 우리의 운명인지도 모르겠어요.
긴 여행이 마냥 신기하기만 했거든요.

태평양과 대서양에 사는 다른 연어들도
나처럼 강과 바다를 오가죠.
우리는 신기하게도 어릴 적 태어난 곳의
냄새에 이끌려 먼 길을 돌아와요.

그런데, 내가 태어난 양양 바닷물이 좀 따뜻해진 것 같아요.
사실 우리는 물의 온도에 굉장히 민감해요.
평소보다 물이 따뜻해지면 우리는 숨이 막혀 살 수가 없어요.

그런데 물의 온도가 왜 달라지는 걸까요?
사람들은 기후 변화라든지 환경 오염 때문이라고 하는데
무슨 얘기인지 좀 어려워요.

사람들이 자연을 귀하게 생각하지 않고
플라스틱 병도 쓰레기도 바다에 마구 버리니까,
바닷물도 숨을 쉴 수 없어 힘든 거예요.

작년엔 양양 바다에 상어가 나타나
어린 연어들을 마구 삼켰대요.
원래 상어는 양양에 살지 않았는데,
바닷물 온도가 올라가니
따뜻한 물을 따라 찾아온 거지요.

이제 나는 알을 낳을 곳을 찾아 힘껏 올라가 볼게요.
너무 환하거나, 주변이 시끄러우면 올라갈 수가 없어요.
조금 기다려야겠어요.
숲에 어둠이 내리고
마을 들판이 조용해지면 쏜살같이 차가운 민물 속으로 달릴 거예요.
이래 봬도 우리는 날카로운 눈과 번개 같은 머리를 가지고 있답니다.

"파드닥, 철썩!"
산에서 흘러 내려오는 물은 분명 차가워야 하는데
어째서인지 답답하고 힘이 들어요.
분명 이곳을 떠날 때는 시원하고
물줄기도 힘찼던 것 같은데요,
이상하게 숨이 막힐 것 같아요.
차가워야 할 물줄기는 밤이 지새도록 식지 않네요.

그래도 이제 온 힘을 모아 상류로 달려 볼게요.
옆에 바짝 붙어 나를 지켜 주는 나의 짝도 있어요.
이제 나의 단단한 부리로 바닥의 자갈밭을 찾아볼게요.
아, 여기 샘물이 솟아나는 곳이 좋을 것 같아요.
아가들은 깨끗한 곳을 좋아하니까요.

아아, 왜 이렇게 아픈 거지요?
우리 엄마도 이렇게 아팠을까요?
긴 산통 끝에 내가 알들을 낳자마자
옆에 함께 자리 잡고 있던 나의 짝이
알 위에 아기 씨를 뿌렸어요.
그래야 알들이 아기 연어로 태어날 수 있거든요.

이제 온몸에 힘이 빠지고 흘러 내려가는 물살에 몸을 맡겨요.
"아가들아! 너희들도 힘내서 나처럼 긴 여행을 떠나야 해!
세상은 넓고 구경거리도 많단다.
조금 힘들어도 친구들과 꼭 해낼 수 있을 거야."

아가들의 보금자리를 찾아주어 행복한데, 왜 이렇게 기운이 없지요?
정신이 희미해지는데, 저 멀리 물살에 밀려 가며
수백, 아니 수천 마리의 연어들이 가라앉는 것이 보여요.
아가들의 아빠도 나도 바닥으로 자꾸 내려가네요.

고향 바다의 향기가 자꾸 멀어지는 것 같아요.
눈앞으로 먼 알래스카의 찬 얼음과 푸른 물이 스쳐 가요.
내 어릴 적 맑고 시원했던 바다가 다시 돌아올 수 있다면!
나의 아가들도 그런 바다를 누릴 수 있기만을 바라요.

아주 좋은 그림책 ❶⓪

연어 살미의 여행

초판 1쇄 인쇄 2024년 11월 18일 | **초판 1쇄 발행** 2024년 12월 3일
글 김정윤·김한종 | **그림** 송수정 | **펴낸이** 김옥희 | **편집** 이지수 | **마케팅** 양창우, 김혜경 | **디자인** 안은정
펴낸곳 애플트리태일즈(아주좋은날) | **출판등록** 제16-3393호 | **주소** 서울시 강남구 테헤란로 201, 501호 | **전화** 02-557-2031 | **팩스** 02-557-2032
홈페이지 www.appletreetales.com | **블로그** http://blog.naver.com/appletales
페이스북 https://www.facebook.com/appletales | **트위터** https://twitter.com/appletales1 | **인스타그램** @appletreetales, @애플트리태일즈

글 ⓒ 김정윤·김한종, 2024
그림 ⓒ 송수정, 2024

ISBN 979-11-92058-45-0 (77810) ISBN 979-11-87743-11-8 (세트)

이 책의 무단전재와 무단복제를 금지하며,
책 내용의 전부 또는 일부를 이용하려면 반드시 애플트리태일즈(아주좋은날)의 동의를 받아야 합니다.

잘못 만들어진 책은 구입한 곳에서 바꿔드립니다.
값은 뒤표지에 표시되어 있습니다.

아주좋은날 은 애플트리태일즈의 실용·아동 전문 브랜드입니다.

어린이제품 안전특별법에 의한 기타 표시사항

품명 : 도서 | 제조 연월 : 2024년 11월 | 제조자명 : 애플트리태일즈 | 제조국 : 대한민국 | 사용연령 : 7세 이상
주소 : 서울시 강남구 테헤란로 201, 5층(02-557-2031)